Listening

COMPREHENSION

skills

FOR INTERMEDIATE AND ADVANCED STUDENTS

Listening COMPREHENSION *skills*

FOR INTERMEDIATE AND ADVANCED STUDENTS

A LONGMAN GUIDE TO THE *French* ACHIEVEMENT TEST AND MORE!

MARIELLE VIGOURT AND
JOËLLE ZIMMERMAN

Longman

Listening Comprehension Skills for Intermediate and Advanced Students: A Longman Guide to the French Achievement Test and More!

Longman, 10 Bank Street, White Plains, NY 10606

Associated companies:
Longman Group Ltd., London
Longman Cheshire Pty., Melbourne
Longman Paul Pty., Auckland
Copp Clark Pitman, Toronto

ISBN 0-8013-1085-7

Executive editor: Lyn McLean
Production editor: Nik Winter
Text design: Pencil Point Studio
Cover design: Cavazos Art & Design, Inc.
Text art: Françoise Ollier
Production supervisor: Anne Armeny

13 14 15-OPM-08 07 06

CONSULTANTS

Irène D'Almeida
University of Arizona

Richard Ladd
Ipswich High School, Massachusetts

Hale Sturges II
Phillips Academy, Andover, Massachusetts

Contents

Introduction for the Student and Teacher

Listening Comprehension Skills for Intermediate and Advanced Students: A Longman Guide to the French Achievement Test and More! was written to help you sharpen your listening comprehension skills and to give you optimum preparation for the listening section of the new French Achievement Test. It comes with a set of 3 cassettes and a Teacher's Guide containing the transcript of the taped material and an answer key.

At the mere prospect of listening to a foreign language speaker, our immediate response is too often, "What if I don't understand anything?" Without the reassuring support of a text to refer to, and without the help of at least a facial expression, listening to a foreign language can indeed be an ordeal, unless one is fearless enough to just get into the experience with guidance. Few of us have the good fortune to be immersed in a French-speaking country long enough to shed the fears that keep us from being truly receptive. This book is devised to help you gradually lower your anxiety level (especially high in the context of an Achievement Test), by giving you clues and listening strategies and accustoming you to the experience of listening with comprehension. You will discover that yes, you actually understand what is going on. As in the new French Achievement Test, all the material and listening selections presented in this book expose you to unedited language, including the hesitations, redundancies, and colloquialisms that occur in everyday speech.

This text is divided into two parts. The first part, made up of eight thematic chapters, prepares you to go through the second part, which is a series of six practice tests modelled after the Achievement Test.

Each of the eight thematic chapters is designed to develop your listening comprehension skills by providing

- Pre-listening activities: *Préparons-nous à l'écoute!*
- A listening section: *Entraînons-nous à l'écoute!*
- Post-listening activities : *Exprimez-vous!*

The material presented is organized around themes of everyday life. Each chapter starts with a picture and a list of vocabulary. Both are designed to make you feel more at ease with the material dealt with in the chapter. The vocabulary lists prepare you for the expressions used in the listening selections throughout the book. You may wish to look up their meaning in the glossary provided at the end of the book. You will naturally become more and more familiar with these expressions as you use them to answer questions and discuss some topics pertaining to your life, your tastes, your opinions, etc. These questions do not call for "right or wrong" answers; they are meant to be discussed with the help of your classmates and your teacher.

This book deliberately puts the emphasis on *active* learning. The vocabulary given at the beginning of each chapter is only a starting point to build upon. As you get involved in the various activities such as writing and acting out dialogues or skits, you will create your own list of vocabulary.

A number of fill-in-the-blanks exercises will help you learn how to use context to figure out the general meaning of a passage or an utterance, so that you do not panic if you are missing a word or two. Listening comprehension does *not* mean understanding every single spoken word, but getting the gist of what is being said. We have formatted the listening section, *Entraînons-nous à l'écoute!*, after that of the new Achievement Test (pictures, short and long dialogues). To help you internalize the process of global comprehension, we have provided general questions and printed parts of the dialogues that will orient your listening and help you recognize the main point of an utterance.

You will also be prepared for verbal interaction between people using colloquial expressions, so that you will get used to the oral style of the French everyday life. Other challenging situations, such as answering the telephone and making sense of an announcement spoken in a microphone will also be explored.

In the last section, *Exprimez-vous!*, you will be asked to express yourself both orally and in writing. These post-listening exercises will provide you with the reinforcement necessary to assimilate the material. We believe, as they do in France, that a pen and a paper do help integrate the learning experience.

This series of preparatory exercises will give you the linguistic tools you need to approach the purely aural part that follows.

The six practice tests are modelled after the ones found in the new Achievement Test. Each test is composed of three sections:

Part A   Photographs and illustrations

Part B   Short dialogues and monologues

Part C   Long dialogues and monologues

Pay special attention to the instructions preceding each section. As in the new Achievement Test, each section has its own rules. For instance in parts A and C, you will hear four statements to choose from, whereas in section B there are only three. In section B, the dialogues are said twice whereas in section C they are said only once.

We are confident that by the end of your practice, you will feel more comfortable and ready to face the challenge of any linguistic situation that comes your way, be it listening to the French news, watching a French movie, or taking the new Achievement Test.

Bonne chance!

PART I

Thematic Chapters

les Études

Préparons-nous à l'écoute!

1 Décrivez la photo ci-dessus en détails et dites ce qu'elle évoque pour vous.

2 Vocabulaire utile.

- ★ faire des études (de droit, de médecine, de sciences, de philosophie, d'art dramatique, de langues, d'histoire, d'informatique, de chimie, de biologie, etc.)
- ★ faire des maths, des sciences naturelles, de l'anglais, du dessin, de la musique, des sciences politiques, des travaux manuels, etc.
- ★ aller en cours, avoir une heure d'étude, "sécher" un cours.
- ★ l'école maternelle, primaire, secondaire (le lycée), la faculté, les grandes écoles, un institut de recherche, une école de commerce, etc.
- ★ un enseignant: un(e) instituteur/-trice, un professeur.
- ★ le Baccalauréat, les examens de licence, de maîtrise, de doctorat.
- ★ passer un examen, échouer à un examen, réussir à un examen.
- ★ faire des devoirs, écrire une rédaction, une dissertation, une thèse.
- ★ faire partie d'une chorale, d'un groupe théâtral, d'une équipe de sport.

3 Discutez en groupe les questions suivantes en vous aidant de la liste de vocabulaire qui précède.

1. À quel âge avez-vous commencé l'école? Avez-vous des souvenirs d'école maternelle? Racontez.

2. Décrivez le cursus d'études que vous avez suivi jusqu'ici. Savez-vous ce que vous ferez après l'école secondaire?

3. Êtes-vous externe, demi-pensionnaire, ou pensionnaire? Avez-vous le droit de sortir de l'école quand vous n'avez pas cours?

4. Que pensez-vous de l'organisation de votre école? de vos horaires? de la discipline? Pensez-vous que vous ayez trop de devoirs à faire à la maison? Quel est le but de ces devoirs? Pouvez-vous imaginer ne pas avoir de devoirs du tout?

5. Avez-vous des activités extra-scolaires? Lesquelles?

6. Quelles sont vos relations avec les professeurs de votre école? Vous sentez-vous libre de vous exprimer en classe?

4 Écoutez la cassette et complétez le dialogue suivant avec les expressions ci-dessous. Ensuite, jouez ce dialogue avec un(e) partenaire.

demain	aimerais	en	vaut	jouer	plus

— Eh, Youssef! Qu'est-ce que tu fais ce soir? On va aller _____
    1
au billard avec Bruno et Eric. Tu veux venir?

— J' _____ bien, mais je ne vois vraiment pas comment:
       2
_____ j'ai une interro de maths, et je n'ai toujours pas com-
     3
mencé ma dissertation de philo pour après-demain, alors je crois qu'il

_____ mieux que vous ne comptiez pas sur moi!
     4

— Mon pauvre vieux, tu as l'air d'avoir beaucoup _____ de
                                                          5
travail que nous. Il faut dire que nous n'avons toujours pas de prof de philo, ça

changera sûrement quand le remplaçant arrivera!

— Oui, eh bien, _____ attendant, croyez-moi, profitez-en!
                      6

[5] Avec un(e) partenaire, imaginez un dialogue en suivant les instructions ci-dessous. Ecrivez-le et jouez-le en classe.

Vous et un(e) ami(e) discutez de l'importance et de l'utilité des notes à l'école. Vous n'êtes pas d'accord. L'un affirme que les notes ne sont pas nécessaires, qu'elles enlèvent toute la joie d'apprendre. L'autre affirme que sans les notes, personne ne travaillerait. Trouvez autant d'arguments que possible.

[6] Faites une liste du vocabulaire nouveau dont vous et vos camarades de classe avez eu besoin pour faire l'exercice 5.

[7] Choisissez trois nouvelles expressions de l'exercice 6, et faites une phrase avec chacune d'elles.

1. _____

2. _____

3. _____

Entraînons-nous à l'écoute!

1. Regardez chaque photo attentivement, et choisissez parmi les quatre phrases que vous allez entendre **a, b, c,** ou **d,** celle qui correspond le mieux à la photo. Attention, ces phrases ne sont pas imprimées dans votre livre. Entourez la lettre appropriée.

Photo #1

a.   b.   c.   d.

Photo #2

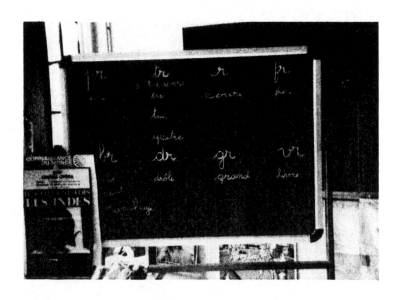

a.   b.   c.   d.

2 Écoutez les dialogues suivants, et trouvez la réponse qui convient aux questions ci-dessous. Attention, ni les dialogues, ni les réponses ne sont imprimés dans votre livre. Entourez la lettre appropriée **a**, **b**, ou **c**.

Dialogue 1

1. De quoi les jeunes gens parlent-ils?   **a.**   **b.**   **c.**

2. Pourquoi Marc n'est-il pas très content?   **a.**   **b.**   **c.**

Dialogue 2

1. Pourquoi est-ce que les étudiants sont mécontents?   **a.**   **b.**   **c.**

2. Comment les étudiants manifestent-ils leur mécontentement?   **a.**   **b.**   **c.**

3 Écoutez le dialogue suivant, et répondez aux questions.

1. Où cette scène a-t-elle lieu?
2. Pourquoi est-ce que le professeur n'est pas content?
3. Que conseille le professeur?

4 Réécoutez le dialogue et complétez les phrases suivantes pour former des phrases complètes.

1. Le professeur prépare la classe à l'examen du _____.

2. Ce n'est pas la première _____ que cet élève

   est en _____.

3. Le métro, l'autobus, le train, l'avion, sont des moyens de _____.

4. L'élève prend le _____ pour venir, parce qu'il habite trop loin

   pour venir à l'école à _____.

Exprimez-vous!

[1] Écrivez une lettre au directeur de votre école.

Dites ce que vous pensez du fonctionnement de votre école, du règlement, des cours. Parlez de tout ce qui vous semble digne de commentaire sur la vie de l'école. Faites des suggestions pour améliorer la vie des étudiants. Décrivez ce que serait pour vous l'école idéale.

[2] Sketches.

a. Avec un(e) partenaire, imaginez un dialogue entre un professeur et un(e) élève qui n'a pas fait ses devoirs mais ne veut pas l'avouer.

b. Vous venez de passer une épreuve du Baccalauréat et vous racontez à vos parents comment cela s'est passé.

c. Imaginez que vous ayez des ressources financières sans limites. Quelle sorte d'éducation aimeriez-vous donner à vos enfants?

la vie familiale

Préparons-nous à l'écoute!

1 Décrivez la photo ci-dessus en détails et dites ce qu'elle évoque pour vous.

2 Vocabulaire utile.

★ les parents, les grands-parents, les enfants, les petits-enfants, un oncle, une tante, un cousin, une cousine, un neveu, une nièce, un beau-père, une belle-mère, une belle-fille, un beau-fils, un gendre, un mari, une femme, un frère, une sœur, un demi-frère, un membre de la famille.

★ naître, mourir, grandir, élever des enfants, s'occuper des enfants.

★ les travaux ménagers: faire la cuisine/ le ménage/ la vaisselle/ la lessive/ les courses/ le lit, ranger, nettoyer, repasser, jardiner, éplucher les légumes, mettre la table, débarrasser la table, laver les vitres.

★ inviter, recevoir, discuter, se disputer, bien/mal s'entendre, se réconcilier, se fiancer, se marier, se séparer, divorcer.

★ déménager, emménager, pendre la crémaillère, fêter un anniversaire, célébrer Noël.

3 Discutez en groupe les questions suivantes en vous aidant de la liste de vocabulaire qui précède.

1. Décrivez votre famille. Combien de frères et de sœurs avez-vous? Vous entendez-vous bien avec eux? Comment sont vos parents?
2. Chez vous, est-ce que vous prenez vos repas en famille? Expliquez.
3. Est-ce que vous avez des tâches dont vous êtes responsable? Lesquelles? Êtes-vous payé pour faire certaines tâches?
4. Est-ce qu'il y a des règles établies par vos parents? Lesquelles?
5. Vos parents vous donnent-ils de l'argent de poche? Comment dépensez-vous cet argent?
6. Avez-vous une grande famille (cousins, oncles, tantes, grands-parents, etc.) ? Est-ce que vous les voyez souvent? Est-ce que vous avez des réunions familiales?

4 Écoutez la cassette et complétez le dialogue suivant avec les expressions ci-dessous. Jouez ensuite ce dialogue avec un(e) partenaire.

cherche	pull	lessive	mettre	tiroir	sale

— Maman, tu n'as pas vu mon _____ noir?
                                          1
— Écoute, regarde dans ton _____, il doit y être.
                                        2
— Mais ça fait une demi-heure que je le _____, ce pull, et je
                                                    3
ne le trouve nulle part!

— Eh bien alors, il est peut-être dans le linge _____. Je vais
                                                          4
faire une _____ demain.
                    5
— Mais maman, qu'est-ce que je vais _____ pour aller chez
                                                    6
Mélanie ce soir?

5 Avec un(e) partenaire, imaginez un dialogue en suivant les instructions ci-dessous. Écrivez-le et jouez-le en classe.

Dialogue entre un adolescent et un de ses parents. L'adolescent veut emprunter la voiture familiale. Le parent hésite à lui passer sa nouvelle voiture.

6 Faites une liste du vocabulaire nouveau dont vous et vos camarades de classe avez eu besoin pour faire l'exercice 5.

7 Choisissez trois nouvelles expressions de l'exercice 6 et faites une phrase avec chacune d'elles.

1. _____

2. _____

3. _____

Entraînons-nous à l'écoute!

1 Regardez chaque photo attentivement et choisissez parmi les quatre phrases que vous allez entendre **a, b, c** ou **d,** celle qui correspond le mieux à la photo. Attention, ces phrases ne sont pas imprimées dans votre livre. Entourez la lettre appropriée.

Photo #1

a.   b.   c.   d.

Photo #2

a.　　b.　　c.　　d.

2 Écoutez les dialogues suivants et trouvez la réponse qui convient aux questions ci-dessous. Attention, ni les dialogues, ni les réponses ne sont imprimés dans votre livre. Entourez la lettre appropriée **a, b,** ou **c.**

Dialogue 1

1. Qu'est-ce que la jeune fille dit à sa mère?　　**a.　　b.　　c.**

Dialogue 2

1. Qu'est-ce que les Martin proposent au couple?　　**a.　　b.　　c.**

2. Pourquoi est-ce que l'homme ne veut pas accepter l'invitation?　　**a.　　b.　　c.**

3 Écoutez le dialogue suivant et répondez aux questions.

1. Qui sont les protagonistes?
2. De qui parlent-elles?
3. Que va faire le père?

4 Réécoutez le dialogue et complétez les phrases suivantes pour former des phrases complètes.

1. Martine vient de téléphoner à la jeune fille pour l'inviter à _____ chez elle ce soir.

2. Les deux jeunes filles aimeraient _____ ensemble après le repas.

3. Le père est un _____ cuisinier mais il n'est pas rapide. Alors, quand il cuisine, le dîner n'est pas prêt avant _____ ou _____ heures du soir.

4. De plus, il salit beaucoup de _____ et la cuisine est transformée en champ de _____.

5. C'est la mère qui va faire la _____ parce que le lave-vaisselle est _____.

Exprimez-vous!

1 Lettre ouverte à vos parents.

Vous êtes maintenant parti(e) de chez vous, et vous réfléchissez à votre vie passée avec vos parents. Écrivez-leur une lettre où vous leur exprimerez vos sentiments (colère, plaintes, compréhension, amour, regrets, etc.).

2 Sketches et débats.

a. Imaginez une scène entre un mari et sa femme. La femme veut sortir mais pas l'homme. Elle essaie de le convaincre. Jouez ce dialogue en classe.

b. Un repas typique avec votre famille. Jouez les membres de votre famille.

c. De nos jours, une famille n'est plus toujours composée d'un père, d'une mère et de leurs enfants. Quels autres types de famille peut-on trouver?

d. Dans toutes les familles il y a des sujets à ne pas aborder si on veut éviter des disputes. Choisissez un exemple de sujet tabou, et écrivez une scène où vous jouerez le rôle du provocateur, qui "met les pieds dans le plat" (*put one's foot in one's mouth*), et décrivez les suites pour la conversation familiale.

3

les loisirs

Préparons-nous à l'écoute!

1 Décrivez la photo ci-dessus et dites ce qu'elle évoque pour vous.

2 Vocabulaire utile.

★ faire du sport, de la voile, de la natation, du ski, du tennis, du football, du basketball, de l'athlétisme, de l'équitation, de la course à pied, etc.
★ jouer d'un instrument, du piano, de la guitare, du violon, de la clarinette, etc.
★ collectionner les timbres, les papillons, etc.
★ suivre des cours d'art dramatique, de chant, de yoga, de danse, etc.
★ aller à la campagne, à la montagne, à la mer, etc.
★ faire un voyage, faire une croisière.
★ rester chez soi, faire la grasse matinée, lire, se reposer, se détendre
★ aller voir une exposition, un film, etc.
★ assister à une pièce de théâtre, à une conférence, etc.
★ être invité à un vernissage.
★ la M.J.C. = la Maison des Jeunes et de la Culture.
★ le Conservatoire de musique, de danse.
★ faire la cuisine, aller au restaurant, commander de la nourriture à emporter.
★ aller à la discothèque, sortir en boîte, organiser une soirée, une fête.
★ s'ennuyer, s'amuser.

3 Discutez en groupe de vos loisirs en vous aidant des questions ci-dessous et du vocabulaire qui précède.

1. Quand est-ce que vous avez des vacances? Combien de temps durent-elles? Quelles sont les vacances que vous préférez? Pourquoi? Qu'est-ce que vous faites pendant vos vacances?
2. À l'école quelles sont les activités extra-scolaires que vous pratiquez?
3. Pendant la semaine est-ce que vous sortez le soir? Que faites-vous? Quelle est votre activité favorite de détente?
4. Habituellement, comment passez-vous vos week-ends?
5. On dit que le lundi est le jour le plus difficile. Est-ce vrai pour vous, et pourquoi? Pouvez-vous trouver une solution au "problème du lundi"?
6. On a parlé de notre civilisation comme d'une "civilisation des loisirs". Pourquoi? Trouvez-vous que les Français aient trop de vacances? Qu'est-ce qui vous semblerait un rythme de travail idéal?

4 Écoutez la cassette et complétez le dialogue suivant avec les expressions ci-dessous. Jouez ensuite ce dialogue avec un(e) partenaire.

s'arrête   descente   monter   effort   fois   loin

— On est encore _____?
                                        1
— Non, non, on est presque arrivées.

— Mais, je n'en peux plus, moi. Je crois qu'il va falloir qu'on

_____, je n'ai plus la force de pédaler.
            2
— Allons, allons, encore un petit _____, on est presque au
                                                              3
bout de nos peines. On a fait le plus dur, le reste est tout en

_____, ça se fera en roue libre.
            4
— Mais ça fait dix _____ que tu me dis ça et ça n'arrête pas
                                    5
de _____. J'en ai marre, moi, de cette promenade à bicy-
            6
clette!

5 Avec un(e) partenaire, imaginez un dialogue en suivant les instructions ci-dessous. Écrivez-le et jouez-le en classe.

Vous et votre meilleur(e) ami(e) aimeriez sortir ensemble ce week-end mais vous n'arrivez pas à vous mettre d'accord sur ce que vous allez faire.

6 Faites une liste du vocabulaire nouveau dont vous et vos camarades de classe avez eu besoin pour faire l'exercice 5.

7 Choisissez trois nouvelles expressions de l'exercice 6 et faites une phrase avec chacune d'elles.

1. _____

2. _____

3. _____

Entraînons-nous à l'écoute!

1. Regardez chaque photo attentivement et choisissez parmi les quatre phrases que vous allez entendre **a, b, c** ou **d,** celle qui correspond le mieux à la photo. Attention, ces phrases ne sont pas imprimées dans votre livre. Entourez la lettre appropriée.

Photo #1

a.　　b.　　c.　　d.

Photo #2

a.　　b.　　c.　　d.

2 Écoutez les dialogues suivants et trouvez la réponse qui convient aux questions ci-dessous. Attention, ni les dialogues, ni les réponses ne sont imprimés dans votre livre. Entourez la lettre appropriée **a, b,** ou **c.**

Dialogue 1

1. De quoi ces personnes discutent-elles?   **a.**   **b.**   **c.**

2. Qu'est-ce que la jeune fille choisit de faire   **a.**   **b.**   **c.**
à la Maison des Jeunes?

Dialogue 2

1. Qui sont les protagonistes dans ce dialogue?   **a.**   **b.**   **c.**

2. Pourquoi les enfants ne sont-ils pas autorisés   **a.**   **b.**   **c.**
à aller se baigner?

3 Écoutez ce dialogue et répondez aux questions suivantes.

1. Où et entre qui se passe cette scène?
2. Qu'est-ce que l'homme vient de faire?
3. Pourquoi est-ce que l'homme téléphone à la jeune femme?

4 Réécoutez ce dialogue et dites si les phrases suivantes sont vraies ou fausses. Cochez la bonne colonne.

	VRAI	FAUX
1. La jeune femme est étonnée que son ami ait déjà emménagé.	___	___
2. La nouvelle maison de l'homme est complètement aménagée.	___	___
3. L'homme invite la femme vendredi soir à 8 heures.	___	___
4. La femme propose d'apporter le dessert.	___	___
5. L'homme lui dit de ne rien apporter.	___	___
6. La jeune femme doit partir parce qu'elle a un rendez-vous chez le dentiste.	___	___

Exprimez-vous!

1. Exercices écrits.

    a. Décrivez les loisirs des membres de votre famille.

    b. Vous allez passer un mois dans une camp de vacances en France. Écrivez une lettre au responsable de la colonie dans laquelle vous lui demandez des précisions concernant les activités (sportives et autres) qui y sont offertes.

2. Sketches et débats.

    a. Vos parents vous demandent ce que vous voudriez faire pour votre anniversaire. Mais ils ne sont d'accord avec aucune de vos suggestions. Imaginez le dialogue avec un(e) partenaire.

    b. Que pensez-vous du fait qu'en France il n'y a pas ou très peu d'activités extra-scolaires dans les lycées et que les jeunes doivent aller dans des M.J.C. ou des Conservatoires pour pratiquer leurs activités favorites? Selon vous quels sont les avantages et les désavantages d'avoir des activités de loisirs à l'école?

la vie de tous les jours

Préparons-nous à l'écoute!

1. Décrivez la photo ci-dessus et dites ce qu'elle évoque pour vous.

2. Vocabulaire utile.

★ faire les courses, faire des achats.

★ un grand magasin, un supermarché, un hypermarché, un marché en plein air.

★ un habit, un vêtement, la taille, la pointure.

★ une robe, une jupe, une chemise, un chemisier, un pantalon, une veste, un veston, un manteau, un imperméable, un blouson, un anorak, une ceinture, des chaussettes, des chaussures, un tee-shirt, un pull.

★ le marché aux puces, les soldes, un article soldé, bradé.

★ épargner, dépenser son argent, emprunter, prêter, partager.

★ être en panne d'essence, faire le plein d'essence à une station-service.

★ un article d'occasion, de seconde main, un article neuf.

★ une voiture neuve, une nouvelle voiture.

★ faire la queue, s'impatienter, doubler quelqu'un.

★ sc réveiller, se lever (de bonne heure), se coucher (tôt, tard), se brosser (les dents, les cheveux), se laver, se promener, se sentir (bien, mal, malade).

★ avoir sommeil, faim, soif, chaud, froid.

★ avoir envie de, besoin de, peur de.

★ être surmené, débordé, occupé, avoir des loisirs, du temps libre.

3 Discutez en groupe en vous aidant des questions ci-dessous et du vocabulaire qui précède.

1. Aimez-vous faire les courses? Achetez-vous vos habits avec un de vos parents, avec des amis, ou seul(e)? Quel genre de magasin préférez-vous pour l'achat de vos vêtements?

2. Faites-vous de façon régulière des courses alimentaires pour vous ou votre famille? Sinon, qui s'en charge? Expliquez.

3. Avez-vous un compte en banque? Depuis quand? Arrivez-vous à épargner votre argent ou bien avez-vous tendance à le dépenser rapidement? Que faites-vous de votre argent de poche en général?

4. Si vous deviez acheter une voiture, achèteriez-vous une voiture neuve ou d'occasion? Pourquoi?

5. Êtes-vous plutôt du matin ou du soir? Expliquez.

6. Préférez-vous vivre dans un appartement ou une maison? Pourquoi?

7. Êtes-vous patient(e)? Quelle est votre réaction quand vous devez faire la queue dans un magasin?

4 Écoutez le dialogue suivant et complétez-le avec les expressions ci-dessous. Puis jouez-le avec un(e) partenaire.

expériences   voiture   puissante   vieille   occasion   laquelle

— Il va bientôt falloir que je rachète une _____. La mienne

devient trop _____. Mais je ne sais pas
                        2

_____ choisir. Il me faut une voiture assez
            3

_____ pour tirer mon bateau, et ce genre de voiture est
            4

maintenant hors de prix.

— Mais pourquoi est-ce que tu n'achètes pas une voiture d' _____?
                                                                        5

— J'ai eu trop de mauvaises _____ avec les voitures de
                                        6

seconde main. J'ai juré qu'on ne m'y reprendrait plus.

5 Avec un(e) partenaire, imaginez un dialogue en suivant les instructions ci-dessous. Écrivez-le et jouez-le en classe.

> Vous lisez ensemble les petites annonces immobilières dans un journal, à la recherche d'un appartement à louer que vous aimeriez partager. Vous vous faites part de vos découvertes.

6 Faites une liste du vocabulaire nouveau dont vous et vos camarades de classe avez eu besoin pour faire l'exercice 5.

7 Choisissez trois nouvelles expressions de l'exercice 6 et faites une phrase avec chacune d'elles.

1. _____

2. _____

3. _____

Entraînons-nous à l'écoute!

1 Regardez chaque photo attentivement et choisissez parmi les quatre phrases que vous allez entendre **a, b, c** ou **d,** celle qui correspond le mieux à la photo. Attention, ces phrases ne sont pas imprimées dans votre livre. Entourez la lettre appropriée.

Photo #1

a.   b.   c.   d.

Photo #2

a.   b.   c.   d.

$\boxed{2}$ Écoutez les dialogues suivants et trouvez la réponse qui convient aux questions ci-dessous. Attention, ni les dialogues, ni les réponses ne sont imprimés dans votre livre. Entourez la lettre appropriée **a, b,** ou **c.**

Dialogue 1

1. De quoi ces personnes parlent-elles?   **a.**   **b.**   **c.**

2. Quelle est la contradiction chez cet homme?   **a.**   **b.**   **c.**

Dialogue 2

1. Pourquoi le grand-père n'est-il pas content?   **a.**   **b.**   **c.**

$\boxed{3}$ Écoutez ce dialogue et répondez aux questions suivantes.

1. Où se passe cette scène?
2. De quoi est-ce que les personnes se plaignent?

$\boxed{4}$ Réécoutez le dialogue et complétez les phrases suivantes pour former des phrases complètes.

1. La jeune femme fait la queue depuis _____ minutes environ.

2. La jeune femme a un _____ dans les bras.

3. L'homme aimerait qu'on installe des _____ de _____ dans toutes les postes.

4. La jeune femme, elle, propose des _____ express.

5. Lorsque c'est le tour de la jeune femme, le guichet est _____.

Exprimez-vous!

1 **Exercice écrit.**

Écrivez une petite annonce qui passera dans le journal de votre ville.

2 **Sketches.**

a. Vous retournez dans un magasin pour échanger un vêtement qui n'est pas à votre taille. Imaginez le dialogue avec le vendeur.

b. Vous êtes avec un(e) ami(e) dans un magasin où vous faites la queue devant la caisse. Vos cours commencent dans cinq minutes. Vous commencez à vous impatienter.

5

L'environnement et la culture

Préparons-nous à l'écoute!

1. Décrivez la photo ci-dessus en détails et dites ce qu'elle évoque pour vous.

2. Vocabulaire utile.

- ★ un endroit calme, paisible, silencieux, bruyant.
- ★ la vue, l'odeur, le bruit, le silence.
- ★ la pollution atmosphérique, la fumée, les déchets, les polluants chimiques.
- ★ la qualité de la vie, les espaces verts, les loisirs, la liberté.
- ★ l'énergie solaire, nucléaire, électrique, hydraulique.
- ★ une conscience politique, un engagement politique, une manifestation, une revendication, une protestation, un avertissement.
- ★ une collectivité, une communauté, un sentiment d'appartenance.
- ★ un lieu privé, un lieu public.
- ★ une couche de population, une couche d'ozone, la biosphère.
- ★ un vernissage, une exposition, une revue, un magazine, un roman, une nouvelle, une pièce de théâtre, une expérimentation, une représentation avant-garde.
- ★ l'urbanisme, les grandes villes, les bourgs, les villages, les hameaux.
- ★ une architecture moderne, gothique, romane, classique, baroque.

3 Discutez en groupe les questions suivantes en vous aidant du vocabulaire qui précède.

1. Où habitez-vous? en ville? à la campagne? Combien d'habitants y a-t-il dans votre ville?

2. Que voyez-vous des fenêtres de votre chambre? Est-ce que vous êtes dans un endroit calme ou bruyant? Êtes-vous content(e) de votre environnement? Quel serait pour vous un endroit idéal pour vivre? Décrivez-le.

3. Est-ce que vous vous tenez au courant des événements culturels de votre région? Allez-vous à des festivals, des concerts, des expositions, des présentations de livres ou des conférences? Que pensez-vous de la vie culturelle de votre région?

4. Pensez-vous que l'apparence et le bien-être physique des gens autour de vous soient des facteurs importants dans l'environnement? Prêtez-vous attention à la mode? Lisez-vous des revues littéraires, scientifiques, ou d'information générale?

5. Que savez-vous sur les mouvements écologiques? Que pensez-vous de ces mouvements? Vous sentez-vous concernés par les problèmes de l'environnement? Pourquoi ou pourquoi pas?

4 Écoutez la cassette et complétez le dialogue suivant avec les expressions ci-dessous. Puis jouez ce dialogue avec un(e) partenaire.

nuit   voyage   reposé   supporte   tôt   voisins   nulle part

— Alors, comment ça va, ce matin? Bien _____1_____?

— Ah, ne m'en parlez pas! Je m'étais couché _____2_____, espérant récupérer des fatigues du _____3_____ et en fait, je n'ai pas fermé l'œil de la nuit. Entre les bruits de la rue et des _____4_____, c'est l'enfer, cet endroit. J'ai pratiquement passé une _____5_____ blanche. J'espère que je vais m'habituer, sinon ça ne va vraiment pas être des vacances!

— Je vois que vous êtes comme moi; moi non plus, je ne _____6_____ pas le bruit. Je ne vais jamais _____7_____ sans mes boules Quies. Vous pourriez peut-être essayer, du moins les premiers jours, le temps de vous habituer. Je sais que pour moi, c'est très efficace.

5 Avec un(e) partenaire, imaginez un dialogue selon les instructions ci-dessous. Écrivez-le et jouez-le en classe.

> Mettez en scène un écologiste passionné qui essaie de montrer à une personne qui ne se sent pas du tout concernée l'importance des problèmes qu'il évoque.

6 Faites une liste du vocabulaire nouveau dont vous et vos camarades avez eu besoin pour faire l'exercice 5.

7 Choisissez trois nouvelles expressions de l'exercice 6 et faites une phrase avec chacune d'elles.

1. _____

2. _____

3. _____

Entraînons-nous à l'écoute!

1. Regardez chaque photo attentivement et choisissez parmi les quatre phrases que vous allez entendre **a, b, c,** ou **d,** celle qui correspond le mieux à la photo. Attention, ces phrases ne sont pas imprimées dans votre livre. Entourez la lettre appropriée.

Photo #1

a.   b.   c.   d.

Photo #2

a.   b.   c.   d.

2 Écoutez les annonces ou dialogues suivants et trouvez la réponse qui convient aux questions ci-dessous. Attention, ni les dialogues ni les réponses ne sont imprimés dans votre livre. Entourez la lettre **a, b,** ou **c.**

Annonce 1

1. De quel produit s'agit-il?   **a.**   **b.**   **c.**

2. Quel est un des mérites de ce produit?   **a.**   **b.**   **c.**

Dialogue 2

1. Où se passe la scène?   **a.**   **b.**   **c.**

2. Pourquoi est-ce que la petite fille pense qu'il va y avoir des moustiques?   **a.**   **b.**   **c.**

3 Écoutez le dialogue suivant, et répondez aux questions.

1. Entre qui se passe cette interview?
2. De quoi les deux personnes parlent-elles?
3. Pourquoi les téléspectateurs devraient-ils être intéressés?

4 Réécoutez le dialogue et complétez les phrases suivantes pour former des phrases complètes.

1. Roger Roy est un écrivain _____: tout le monde le connaît.

2. Parce que son dernier roman est plus _____ que ses précédents, il lui tient particulièrement à _____.

3. L'écrivain pense que c'est la _____ de ses parents qui a fait ressurgir en lui beaucoup de souvenirs oubliés.

4. Dans ce livre, l'écrivain exprime en quelque sorte sa _____ envers les gens qui l'ont _____.

5. Ce livre parle du _____, bien sûr, mais il s'ouvre aussi sur l'avenir.

Exprimez-vous!

1. Écrivez au choix.

   a. Écrivez un programme de réformes qui amélioreraient la qualité de vie de votre région.

   b. Écrivez au maire de votre ville pour obtenir des subventions pour promouvoir l'art dans la rue (festivals de musique, expositions, spectacles de mime ou danse, sculptures, etc.)

2. Organisez deux débats.

   a. Pour ou contre le végétarianisme

   b. Pour ou contre la chasse.

6

les voyages

Préparons-nous à l'écoute!

1. Décrivez la photo ci-dessus et dites ce qu'elle évoque pour vous.

2. Vocabulaire utile

★ faire un voyage à l'étranger, une excursion, une randonnée, un safari, une croisière, etc.

★ voyager en train, en avion, en auto, en bateau, en moto, à bicyclette, etc.

★ faire de l'auto-stop.

★ louer une voiture, prendre l'avion, le train, l'autobus, le métro, le T.G.V.

★ faire du camping, descendre à l'hôtel, passer la nuit dans une auberge de jeunesse, loger dans une maison d'hôte, dans un gîte rural, etc.

★ un hôtel à deux/trois/quatre étoiles, un restaurant gastronomique.

★ une chambre simple/double, avec douche, avec salle de bains, avec lavabo, avec vue sur la mer, avec climatisation, etc.

★ le vol: en première classe, en classe affaires, en classe économique, décoller, atterrir, enregistrer ses bagages.

★ un sac à dos, un sac de couchage, (dé)faire sa valise.

★ la douane, la frontière, un passeport, une carte d'identité, un visa.

★ une piste de ski, un chemin, une route de campagne, une route départementale/nationale, une autoroute.

★ un billet aller-retour, un aller simple.

3 Discutez en groupe les questions suivantes en vous aidant de la liste de vocabulaire qui précède.

1. Quel type de voyages préférez-vous? Les voyages organisés, les voyages à thèmes, les voyages en auto-stop, les croisières, etc.? Pourquoi?
2. Préférez-vous voyager seul, avec votre famille ou avec vos amis? Expliquez.
2. Lorsque vous voyagez, où préférez-vous loger? Dans un hôtel, une auberge de jeunesse, sous une tente, chez l'habitant, etc.? Expliquez.
3. Quel moyen de transport préférez-vous lorsque vous voyagez? Pourquoi?
4. Avant de partir à l'étranger, quelles démarches administratives faut-il effectuer?
5. Quel pays aimeriez-vous visiter en ce moment? Pourquoi?

4 Écoutez la cassette et complétez le dialogue suivant avec les expressions ci-dessous. Puis jouez ce dialogue avec un(e) partenaire.

supplément   histoire   kilos   vols   poids   valises   agent   règlement

— Pardon monsieur, mais vous n'avez droit qu'à 15 _____
     1
de bagages et là, la balance indique 20 kilos.

— Qu'est-ce que c'est que cette _____? Mon
     2
_____ de voyage m'a dit que j'avais droit à deux
     3
_____ ne dépassant pas 1m20 de longueur totale. Il ne
     4
m'a jamais parlé de _____ maximum.
     5

— Je suis désolée, monsieur, mais il va falloir que vous payiez un

_____ pour excédent de poids. C'est
     6
le _____.
     7

— Ah les _____ charters! C'est bien la dernière fois qu'on
     8
m'y reprend!

5 Avec un(e) partenaire, imaginez un dialogue en suivant les instructions ci-dessous. Écrivez-le et jouez-le en classe.

Vous êtes à l'aéroport, au guichet d'embarquement. L'hôtesse vous informe que le vol est complet. Vous êtes furieux-se. L'hôtesse essaie de vous calmer en vous proposant des compensations (prochain vol en première classe, billet gratuit, etc.)

6 Faites une liste du vocabulaire nouveau dont vous et vos camarades de classe avez eu besoin pour faire l'exercice 5.

7 Choisissez trois nouvelles expressions de l'exercice 6 et faites une phrase avec chacune d'elles.

1. _____

2. _____

3. _____

Entraînons-nous à l'écoute!

1 Regardez chaque photo attentivement et choisissez parmi les quatre
phrases que vous allez entendre **a, b, c** ou **d,** celle qui correspond le
mieux à la photo. Attention, ces phrases ne sont pas imprimées dans
votre livre. Entourez la lettre appropriée.

Photo #1

a.   b.   c.   d.

Photo #2

a.   b.   c.   d.

2 Écoutez les annonces suivantes et trouvez la réponse qui convient aux questions ci-dessous. Attention, ni les annonces, ni les réponses ne sont imprimées dans votre livre. Entourez la lettre appropriée **a**, **b**, ou **c**.

Annonce 1:

1. Où pourrait-on entendre cette annonce?   **a.**   **b.**   **c.**

2. Où sont situées les premières classes?   **a.**   **b.**   **c.**

Annonce 2:

1. Où est faite cette annonce?   **a.**   **b.**   **c.**

2. Qu'est-ce qui va être interrompu?   **a.**   **b.**   **c.**

3 Écoutez ce dialogue et répondez aux questions suivantes.

1. Où et entre qui se passe cette scène?
2. Pourquoi le voyageur est-il là?
3. Est-ce que le voyageur voyage seul?
4. Quel moyen de transport est-ce que le voyageur utilise?

4 Réécoutez ce dialogue et dites si les phrases suivantes sont vraies ou fausses. Cochez la bonne colonne.

		VRAI	FAUX
1.	Le voyageur veut une chambre avec douche.	____	____
2.	Le voyageur veut deux chambres communicantes.	____	____
3.	Le voyageur se plaint du temps qui est trop lourd.	____	____
4.	Les chambres climatisées donnent sur la rue.	____	____
5.	Le voyageur fait une réservation pour deux nuits.	____	____
6.	L'hôtel a un garage en sous-sol.	____	____

Exprimez-vous!

1. Écrivez au choix.

    a. Décrivez vos vacances de rêve.

    b. Imaginez une annonce publicitaire pour une croisière autour du monde.

2. Sketches.

    a. Avec un(e) partenaire, imaginez un dialogue entre un réceptioniste d'hôtel et un client. Le client est très exigeant et l'hôtel n'a pas tout le confort nécessaire.

    b. Imaginez que vous êtes le commandant à bord d'un avion, faites une annonce à vos passagers.

    c. Vous travaillez pour la S.N.C.F. (la Société Nationale des Chemins de Fer Français) et vous devez passer une annonce aux voyageurs pour les avertir que de nombreux trains sont annulés pour cause de grève.

7

Media-communication

Préparons-nous à l'écoute!

1. Décrivez la photo ci-dessus en détails et dites ce qu'elle évoque pour vous.

2. Vocabulaire utile.

★ les médias et les moyens de communication: le courrier, le journal, la radio, la télévision, le téléphone, le satellite, la fusée, la télépathie, l'ordinateur, etc.

★ mettre en marche, allumer, arrêter, éteindre, fonctionner, tomber en panne, être en réparation, avoir une assurance, une garantie, un ennui technique.

★ être au courant de, exprimer, communiquer, passer sous silence, (se) taire, éviter, entendre parler de, dépendre de, avoir besoin de, se passer de.

★ la rentabilité, l'efficacité, la facilité, la vitesse, la clarté, l'audibilité.

★ arriver, se passer, se produire, avoir lieu.

★ le message: le manque, l'abondance, l'inexactitude, l'omission, la déformation, la partialité, l'impartialité, la subjectivité, l'objectivité, le ton, la manipulation, le pouvoir, la liberté (d'expression, d'écoute, d'information), la censure, le choix, la suppression, le "non-dit", le sous-entendu, l'insistance.

★ un sujet (intéressant, délicat, controversé), un "gros titre", une rubrique, un article de fond, un article superficiel, un fait.

★ une certitude, une incertitude, la connaissance, l'ignorance.

★ affirmer, démentir, nier, informer, porter un jugement, faire une communication, une supposition, une hypothèse, des conjectures.

★ progresser, régresser, réussir à, essayer de, décider de, arrêter de, échouer.

★ faire un reportage en direct, transmettre en différé.

★ les nouvelles locales, nationales, internationales, sportives, météorologiques.

★ France Télécom., le CNRS (Centre National de Recherche Scientifique), etc.

3 **Discutez en groupe les questions suivantes, en vous aidant de la liste de vocabulaire qui précède.**

1. Expliquez l'importance grandissante des médias dans le monde actuel. Donnez des exemples. Y voyez-vous des avantages? Des dangers? Expliquez.

2. Pensez-vous qu'il soit important de se tenir au courant des événements de l'actualité? Pourquoi/Pourquoi pas? Lisez-vous un journal? Lequel? Regardez-vous la télévision? Écoutez-vous la radio?

3. Avez-vous un répondeur téléphonique chez vous (*an answering machine*)? Comprenez-vous les gens qui refusent d'en avoir un? Expliquez.

4. Comment définiriez-vous le rôle et le devoir d'un(e) journaliste? Aimeriez-vous devenir journaliste? Expliquez.

5. Comprenez-vous le phénomène de la publicité et de son omniprésence? Qu'en pensez-vous?

6. Comment concevez-vous le rôle d'un(e) publiciste? Quelles qualités doit-on avoir? Aimeriez-vous cette profession?

7. Y a-t-il un journal dans votre école? Pourquoi? Aimeriez-vous écrire dans une publication de votre école? Pourquoi/Pourquoi pas?

4 **Écoutez la cassette et complétez le dialogue suivant avec les expressions ci-dessous. Puis, jouez ce dialogue avec un(e) partenaire:**

rien   mieux   rappelle   hurler   plus   meilleure

— Allô? Allô? Est-ce que tu peux parler _____ fort? Je
                                                              1
t'entends très mal!

— Mais j'ai déjà l'impression de _____! Ét comme ça, ça va
                                                      2
_____?
          3

— Non, décidément, je n'entends _____. Écoute, je raccroche
                                                4
et je te _____ tout de suite. La communication sera peut-
              5
être _____.
          6

5   Avec un(e) partenaire, imaginez un dialogue en suivant les recommendations ci-dessous. Écrivez-le et jouez-le en classe.

> Un journaliste se rend sur les lieux d'une catastrophe naturelle (inondation, tremblement de terre, éruption volcanique, etc.), et interviewe l'une des victimes.

6   Faites une liste du vocabulaire nouveau dont vous et vos camarades avez eu besoin pour faire l'exercice 5.

7   Choisissez trois nouvelles expressions de l'exercice 6 et faites une phrase avec chacune d'elles.

1. _____

2. _____

3. _____

Entraînons-nous à l'écoute!

1. Regardez chaque photo attentivement et choisissez parmi les quatre phrases que vous allez entendre **a, b, c,** ou **d,** celle qui correspond le mieux à la photo. Attention, ces phrases ne sont pas imprimées dans votre livre. Entourez la lettre appropriée.

Photo #1

a.   b.   c.   d.

Photo #2

a.   b.   c.   d.

2️⃣ Écoutez les annonces suivantes et trouvez la réponse qui convient aux questions ci-dessous. Attention, ni les annonces ni les réponses ne sont imprimées dans votre livre. Entourez la lettre appropriée **a, b, ou c.**

Annonce 1.

1. Dans ce passage, il s'agit . . .   **a.   b.   c.**

2. Qu'est-ce qu'il faut faire pour s'assurer une bonne descente?   **a.   b.   c.**

Annonce 2.

1. Qu'est-ce qui a causé cette situation catastrophique?   **a.   b.   c.**

2. Qu'est-ce qui menace maintenant des milliers de Chinois? **a.   b.   c.**

3️⃣ Écoutez l'annonce et répondez aux questions suivantes.

1. Quel temps fait-il aujourd'hui sur l'ouest de la France?
2. Quel temps va-t-il faire dans le sud?
3. Si vous passez vos vacances dans les Alpes, qu'est-ce qu'il est dangereux de faire?

4 Réécoutez l'annonce et complétez les phrases suivantes pour former des phrases complètes.

1. Il y a plusieurs mots en français pour désigner une chute de pluie: une averse, un _____, des précipitations.

2. Dans le sud, il fait encore beau, mais le ciel va devenir de plus en plus _____.

3. Les températures ont bien _____ à cause de la couverture nuageuse.

4. L'Espagne est un pays situé au sud-ouest de la France, et Strasbourg est une ville située dans l' _____ de la France.

Exprimez-vous!

1 Écrivez au choix.

a. Vous avez lu dans un journal un article qui a provoqué chez vous une violente réaction, et vous avez décidé d'écrire à l'éditeur. Écrivez la lettre que vous envoyez et dans laquelle vous expliquez vos réactions.

b. Vous écrivez pour le journal de votre école un reportage sur le dernier événement marquant.

Sketches et débats.

    a. Avec un(e) partenaire, imaginez une publicité télévisée pour
- une nouvelle poudre à lessive
- un nouvel aliment pour chat.

    b. Imaginez que vous êtes présentateur/présentatrice à la radio, et que vous récapitulez à la fin du journal les nouvelles nationales et internationales de la journée.

    c. Que pensez-vous des programmes spatiaux en général? Pensez-vous qu'il faille investir beaucoup d'argent dans la recherche spatiale? Si oui, quelle direction cette recherche devrait-elle prendre?

8

le monde du travail

Préparons-nous à l'écoute!

1 Décrivez la photo ci-dessus et dites ce qu'elle évoque pour vous.

2 Vocabulaire utile.

★ un métier, une profession, une carrière, un poste, un emploi, un "boulot".
★ travailler à plein temps, à mi-temps, être en congé, être en grève.
★ poser une candidature, être au chômage, être licensié, être en retraite.
★ Quelques professions: un ingénieur, un professeur, un(e) commerçant(e), un(e) infirmier(-ière), un médecin, un(e) avocat(e), un(e) employé(e) de banque, un(e) ouvrier(-ière) spécialisé(e), un(e) agriculteur(-trice), un cadre dans une entreprise, un homme/une femme d'affaires, un patron, un P.D.G. (président directeur général), etc.
★ une usine, une compagnie, une entreprise, "une boîte", un cabinet.
★ un salaire, une rémunération, des honoraires.
★ une agence pour l'emploi, un service de recrutement, un centre d'orientation.
★ une heure supplémentaire, un jour de congé, un jour férié.
★ faire la journée continue/travailler de huit heures à midi, et de deux heures à cinq heures,
★ être surchargé(e) de travail, avoir des rendez-vous avec des clients, des patients, des étudiants.
★ la libre entreprise, la libre concurrence, les syndicats.

3 Discutez en groupe du monde du travail en vous aidant des questions suivantes et du vocabulaire qui précède.

1. Quelle est la profession de vos parents? Vos parents discutent-ils avec vous de leur travail?

2. Quelle profession envisagez-vous pour vous-même plus tard? Pourquoi? Expliquez ce que vous attendez de votre profession future.

3. Avez-vous un emploi après l'école ou pendant le week-end ? Combien d'heures par semaine travaillez-vous? Quelle est votre rémunération? Pour quelle raison travaillez-vous? Arrivez-vous quand même à étudier de façon satisfaisante ?

4. Pensez-vous que l'école secondaire et l'université vous préparent bien pour le monde du travail? Expliquez.

4 Écoutez la cassette et complétez le dialogue suivant avec les expressions ci-dessous. Jouez ensuite ce dialogue avec un(e) partenaire.

qualifications   expérience   emploi   remplissez   secrétaire

— Bonjour monsieur. Est-ce que je peux vous aider?

— Euh . . . oui. Je viens d'avoir mon bac et je cherche un _____.
                                                                    1

— Quelles sont vos _____ et quel genre de travail recherchez-
                          2

vous?

— J'ai un bac G, donc j'aimerais un poste de _____ ou
                                                   3

d'assistant.

— Avez-vous une _____ professionnelle?
                      4

— Non, c'est mon premier emploi.

— Bon, asseyez-vous ici et _____ ces formulaires.
                              5

Entraînons-nous à l'écoute!

1   Regardez chaque photo attentivement et choisissez parmi les quatre phrases que vous allez entendre **a, b, c,** ou **d,** celle qui correspond le mieux à la photo. Attention, ces phrases ne sont pas imprimées dans votre livre. Entourez la lettre appropriée.

Photo #1

a.   b.   c.   d.

Photo #2

a.   b.   c.   d.

2 Écoutez les annonces ou dialogues suivants et trouvez la réponse qui convient aux questions ci-dessous. Attention, ni les annonces ni les réponses ne sont imprimées dans votre livre. Entourez la lettre appropriée **a**, **b**, ou **c**.

Annonce 1

1. Qu'est-ce que l'usine Renault produit?   **a.**   **b.**   **c.**

2. Pourquoi les ouvriers font-ils grève?   **a.**   **b.**   **c.**

Dialogue 2.

1. Qui sont les protagonistes dans ce dialogue?   **a.**   **b.**   **c.**

2. De qui cette assistante sociale s'occupe-t-elle dans son travail?   **a.**   **b.**   **c.**

3 Écoutez ce dialogue et répondez aux questions suivantes.

1. Où et entre qui se passe cette scène?
2. Qu'est-ce que ces personnes sont en train d'organiser?
3. Où l'une des personnes va-t-elle aller?

4 Réécoutez le dialogue et complétez les phrases suivantes pour former des phrases complétes.

1. Pourriez-vous me _____ cette lettre?

2. Vous voulez que je l' _____ en recommandé?

3. Essayez de me _____ une place sur le premier _____ pour Francfort.

4. Quelque chose de _____ mais raisonnable, dans le _____ ville.

5. Vous allez avoir _____ d'une voiture de _____?

6. Il y a du _____ important à lire?

Exprimez-vous!

[1] Écrivez.

Répondez à une offre d'emploi que vous avez trouvée dans le journal.
Écrivez une lettre de candidature dans laquelle vous décrivez vos qualités et
votre expérience professionnelle.

[2] Sketches.

a. Avec un(e) partenaire, imaginez un dialogue entre un chef de personnel
et un jeune étudiant qui vient de finir ses études et qui essaie d'obtenir
son premier emploi.

b. Vous annoncez à vos parents que vous ne voulez pas aller à l'université
après le lycée et que vous préférez entrer directement dans la vie active.
Imaginez la scène.

PART
II

Practice
Tests

PART A

Directions: For each question in this part of the test, you will hear **four** sentences designated **a, b, c,** and **d.** The sentences will not be printed. You will hear them only once. As you listen to the four sentences, look at the picture and choose the sentence that best describes what you see. Then circle the corresponding letter: **a, b, c,** or **d.**

#1

a.   b.   c.   d.

a.   b.   c.   d.

#3

a. **b.** **c.** **d.**

#4

a. **b.** **c.** **d.**

#5

a.   b.   c.   d.

#6

a.   b.   c.   d.

PART B

Directions: In this part of the test, you will hear several short selections. They will not be printed, but each selection will be repeated. At the end of each selection, you will be asked questions about what was said, each followed by three possible answers: **a, b,** and **c.** Beware: Neither the questions nor the answers are printed and you will hear them only **once.** Select the best answer and circle the corresponding letter: **a, b,** or **c.**

#1

    a.

    b.

    c.

#2

1.   **a.**

    b.

    c.

2.   **a.**

    b.

    c.

#3

1.   **a.**

    b.

    c.

2.   **a.**

    b.

    c.

#4

1.   **a.**

    b.

    c.

2.   **a.**

    b.

    c.

#5

1. a.
   b.
   c.

2. a.
   b.
   c.

#6

1. a.
   b.
   c.

PART C

Directions: You will now hear some extended dialogues or monologues. You will hear each only **once**. After each dialogue or monologue, you will be asked several questions about what you have just heard. You will hear these questions only once but they are printed. Select the best answer and circle the corresponding letter **a, b, c,** or **d.** Note that these answers are also printed.

#1

1. Depuis combien de temps la ville de Paris célèbre-t-elle la Fête de la Musique?

   a. Depuis 5 ans.

   b. Depuis 10 ans.

   c. Depuis 15 ans.

   d. Depuis 20 ans.

2. Qui sont les musiciens qui participent à cette fête?

   a. Seulement des musiciens de jazz.

   b. Uniquement des musiciens de musique classique.

   c. N'importe quel musicien professionnel.

   d. N'importe quelle personne qui aime jouer d'un instrument.

3. Où est-ce que cette fête a lieu?

    a.   À l'Opéra Bastille.

    b.   Dans la cathédrale Notre-Dame.

    c.   Au musée Georges Pompidou.

    d.   Partout dans Paris.

#2

1. Pourquoi est-ce que le monsieur qui cherche un appartement n'est pas satisfait des petites annonces?

    a.   Parce que, lorsqu'il arrive, les appartements sont déjà loués, ou bien ils coûtent trop cher.

    b.   Parce que les annonces sont difficiles à lire.

    c.   Parce que les annonces ne disent pas la vérité.

    d.   Parce que les annonces ne donnent pas assez de détails.

2. Pourquoi M. Bertin est-il bien placé pour l'aider?

    a.   Il connaît parfaitement le quartier.

    b.   Il a lui-même un appartement à louer qui conviendrait parfaitement.

    c.   Sa famille a un appartement à louer.

    d.   Il possède une agence immobilière.

#3

1. Qu'est-ce que cet homme cherche à faire?

    a.   Trouver une adresse.

    b.   Acheter une carte postale.

    c.   Passer un coup de fil.

    d.   Interviewer des gens.

2. Pour téléphoner à l'étranger, qu'est-ce qu'une des personnes recommande de faire?

    a.   D'appeler une opératrice.

    b.   De suivre les indications qui se trouvent dans la cabine.

    c.   De composer le 16.

    d.   D'écouter un message téléphonique.

3. Pourquoi l'homme ne peut-il pas téléphoner de la cabine téléphonique?

    a.   Parce qu'il n'a pas de carte téléphonique.

    b.   Parce qu'il n'a pas de pièces de monnaie.

    c.   Parce que la cabine est en panne.

    d.   Parce que la cabine est occupée.

4. D'après la jeune femme, quel est le principal avantage des cabines à carte?

    a.   On n'a plus besoin de transporter des tas de pièces dans ses poches.

    b.   C'est moins cher.

    c.   C'est plus rapide.

    d.   Il y a moins de cabines en panne.

#4

1. Quel est le rôle de Bernard dans le Tour de France?

    a.   Il fait la promotion d'équipements de caravanes.

    b.   Il distribue des fruits.

    c.   Il entraîne une équipe de coureurs.

    d.   Il fait un reportage en tant qu'ancien coureur.

2. Quel est le principal problème de Bernard?

    a.   L'arrivage journalier de produits frais.

    b.   La primeur des informations sur le Tour.

    c.   La santé des coureurs.

    d.   La concurrence d'autres fournisseurs.

PART A

Directions: For each question in this part of the test, you will hear **four** sentences designated **a, b, c,** and **d.** The sentences will not be printed. You will hear them only once. As you listen to the four sentences, look at the picture and choose the sentence that best describes what you see in the picture. Then circle the corresponding letter: **a, b, c,** or **d.**

#1

a.   b.   c.   d.

a.   b.   c.   d.

#3

a.   b.   c.   d.

#4

a.   b.   c.   d.

#5

a.   b.   c.   d.

#6

a. b. c. d.

PART B

Directions: In this part of the test, you will hear several short selections. They will not be printed, but each selection will be repeated. At the end of each selection, you will be asked questions about what was said, each followed by three possible answers: **a, b,** and **c.** Beware: Neither the questions nor the answers are printed and you will hear them only **once.** Select the best answer and circle the corresponding letter: **a, b,** or **c.**

#1

    a.

    b.

    c.

#2

1. **a.**

    b.

    c.

2. **a.**

    b.

    c.

#3

1.   a.

        b.

        c.

#4

1.   a.

        b.

        c.

2.   a.

        b.

        c.

#5

1.   a.

        b.

        c.

#6

1.   a.

        b.

        c.

#7

1.   a.

        b.

        c.

#8

1.   a.

        b.

        c.

PART C

Directions: You will now hear some extended dialogues or monologues. You will hear each only **once**. After each dialogue or monologue, you will be asked several questions about what you have just heard. You will hear these questions only once, but they are printed. Select the best answer and circle the corresponding letter: **a, b, c,** or **d.** Note that these answers are also printed.

#1

1. Pourquoi est-ce que Madame Duteuil a écourté ses vacances?

   a. Parce que tout allait mal.

   b. Parce qu'elle manquait d'argent.

   c. Parce que sa fille est tombée malade.

   d. Parce qu'ils n'ont pas trouvé d'hôtel.

2. Pour les vacances prochaines, que propose l'autre personne?

   a. De louer une maison en Bretagne.

   b. De partager la maison qu'elle et son mari louent habituellement.

   c. De partir avec des gens qu'ils ont rencontrés dans le Sud.

   d. De faire du camping dans les Alpes.

#2

1. Quelle sorte de travail a trouvé un des deux garçons?

   a. Un job sensationnel mais temporaire.

   b. Un travail de rédacteur dans un journal.

   c. Un petit travail peu payé dans un journal.

   d. Un emploi de correspondant en Espagne.

2. Quel avantage ce travail offre-t-il à Pierre?

   a. De mieux connaître le milieu journalistique.

   b. D'économiser de l'argent.

   c. D'acheter une nouvelle voiture.

   d. De lui donner une vision nouvelle de l'Espagne.

#3

1. Qu'est-ce qu'un routier?

   a. Un chauffeur de taxi.

   b. Un pilote de course.

   c. Un chauffeur de camion.

   d. Un conducteur d'autobus.

2. Pourquoi les routiers font-ils grève?

    a.   Pour obtenir une augmentation de salaire.

    b.   Pour empêcher l'instauration d'un nouveau permis.

    c.   Pour obtenir un permis de conduire gratuit.

    d.   Pour avoir plus de vacances.

3. Que se passe-t-il une fois qu'on a perdu ses six points?

    a.   On vous confisque votre voiture.

    b.   On doit payer une amende.

    c.   On va en prison.

    d.   On doit repasser son permis de conduire.

#4

1. Pourquoi ces deux femmes aiment-elles faire des achats au Pays des Soldes?

    a.   Parce que ce magasin ne ferme pas entre midi et 14 heures.

    b.   Parce que les vêtements sont bon marché et que le personnel est aimable.

    c.   Parce que ce magasin est au centre ville.

    d.   Parce que ce magasin reste ouvert le dimanche.

2. Pour quelle raison une des femmes est-elle allée au grand magasin de la Place?

    a.   Pour acheter un cadeau.

    b.   Pour échanger un chemisier.

    c.   Pour parler aux vendeuses.

    d.   Pour voir les soldes.

3. Que reproche une des femmes au grand magasin de la Place?

    a.   De ne pas avoir assez de choix.

    b.   D'être trop cher.

    c.   De ne pas être ouvert le samedi.

    d.   D'avoir du personnel peu empressé.

PART A

Directions: For each question in this part of the test, you will hear **four** sentences designated **a, b, c,** and **d.** The sentences will not be printed. You will hear them only once. As you listen to the four sentences, look at the picture and choose the sentence that best describes what you see in the picture. Then circle the corresponding letter: **a, b, c,** or **d.**

#1

a.   b.   c.   d.

#2

a.   b.   c.   d.

#3

a.   b.   c.   d.

#4

a.   b.   c.   d.

a.   b.   c.   d.

#6

a.   b.   c.   d.

PART B

Directions: In this part of the test you will hear several short selections. They will not be printed but each selection will be repeated. At the end of each selection, you will be asked questions about what was said, each followed by three possible answers: **a, b,** and **c.** Beware: Neither the questions nor the answers are printed and you will hear them only **once.** Select the best answer and circle the corresponding letter: **a, b,** or **c.**

#1

      a.

      b.

      c.

#2

  1.   **a.**

      b.

      c.

  2.   **a.**

      b.

      c.

#3

1.   a.

       b.

       c.

#4

1.   a.

       b.

       c.

2.   a.

       b.

       c.

#5

1.   a.

       b.

       c.

2.   a.

       b.

       c.

#6

1.   a.

       b.

       c.

#7

1.   a.

       b.

       c.

2.   a.

       b.

       c.

PART C

Directions: You will now hear some extended dialogues or monologues. You will hear each only **once**. After each dialogue or monologue, you will be asked several questions about what you have just heard. You will hear these questions only once, but they are printed. Select the best answer and circle the corresponding letter **a, b, c,** or **d.** Note that these answers are also printed.

#1

1. En quoi consiste cette réforme proposée par le Ministre de l'Éducation?

   a. Le baccalauréat va être transformé.

   b. Les sections scientifiques vont être renforcées.

   c. Les sections littéraires vont être annulées.

   d. Les cours de Première et Terminale vont être réorganisés.

2. Quand est-ce que cette réforme va avoir lieu?

   a. En septembre.

   b. En janvier.

   c. Dans cinq ans.

   d. Dans dix ans.

3. Quel genre d'examen est le baccalauréat?

   a. Un examen de fin d'études universitaires.

   b. Un examen pour entrer au lycée.

   c. Un examen qu'on passe en fin d'études au lycée.

   d. Un examen pour entrer dans une école technique.

#2

1. Pourquoi la jeune femme téléphone-t-elle à son ami?

   a. Pour aller au cinéma.

   b. Pour aller au restaurant.

   c. Pour aller au théâtre.

   d. Pour aller au concert.

2. Quelle est la réponse de son ami?

   a. Il a déjà vu *Le Malade imaginaire*.

   b. Il ne se sent pas bien.

   c. Il pense que le spectacle sera de mauvaise qualité.

   d. Il n'a pas envie de voir cette pièce.

3. Pourquoi la jeune femme préfère-t-elle sortir en fin de semaine?

    a.   Parce que les représentations sont meilleures.

    b.   Parce qu'elle peut faire la grasse matinée le lendemain matin.

    c.   Parce qu'ils auront le temps de sortir dîner.

    d.   Parce qu'elle n'aura pas d'examen à préparer.

#3

1. La jeune femme demande au monsieur de lui indiquer:

    a.   Le prix des tickets de bus.

    b.   L'endroit où on prend le bus.

    c.   Un hôtel bon marché.

    d.   Le chemin pour aller à l'hôtel de ville.

2. Comment pourrait-on décrire l'homme?

    a.   Antipathique.

    b.   Obligeant.

    c.   Impoli.

    d.   Gêné.

3. Pourquoi la jeune femme ne peut-elle pas acheter de ticket avant de monter dans le bus?

    a.   Parce qu'on n'en vend pas dans les bus.

    b.   Parce qu'elle n'a pas d'argent.

    c.   Parce que tous les magasins sont fermés.

    d.   Parce que les tickets sont trop chers.

4. Que fait l'homme?

    a.   Il lui offre deux tickets.

    b.   Il lui donne de l'argent.

    c.   Il l'emmène en voiture.

    d.   Il lui vend deux tickets.

PART A

Directions: For each question in this part of the test, you will hear **four** sentences designated **a, b, c,** and **d.** The sentences will not be printed. You will hear them only once. As you listen to the four sentences, look at the picture and choose the sentence that best describes what you see in the picture. Then circle the corresponding letter: **a, b, c,** or **d.**

#1

a.   b.   c.   d.

a.   b.   c.   d.

a.   b.   c.   d.

#4

a.   b.   c.   d.

#5

a.   b.   c.   d.

#6

a. **b.** **c.** **d.**

PART B

Directions: In this part of the test, you will hear several short selections. They will not be printed, but each selection will be repeated. At the end of each selection, you will be asked questions about what was said, each followed by three possible answers: **a, b,** and **c.** Beware: Neither the questions nor the answers are printed and you will hear them only **once.** Select the best answer and circle the corresponding letter: **a, b,** or **c.**

#1

1. **a.**

 b.

 c.

2. **a.**

 b.

 c.

#2

1. **a.**

 b.

 c.

#3

1.   a.

        b.

        c.

2.   a.

        b.

        c.

#4

1.   a.

        b.

        c.

2.   a.

        b.

        c.

#5

1.   a.

        b.

        c.

#6

1.   a.

        b.

        c.

#7

1.   a.

        b.

        c.

PART C

Directions: You will now hear some extended dialogues or monologues. You will hear each only **once.** After each dialogue or monologue, you will be asked several questions about what you have just heard. You will hear these questions only once, but they are printed. Select the best answer and circle the corresponding letter: **a, b, c,** or **d.** Note that these answers are also printed.

#1

1. Dans quel genre de magasin se passe cette scène?

   a.   Dans un magasin de vêtements.

   b.   Dans une charcuterie.

   c.   Dans une pharmacie.

   d.   Dans un magasin de chaussures.

2. Pourquoi la dame veut-elle essayer le chemisier?

   a.   Pour essayer la cabine.

   b.   Pour enlever les étiquettes.

   c.   Pour s'assurer que le chemisier lui va.

   d.   Pour se reposer un peu dans le calme de la cabine.

#2

1. De quel genre de message s'agit-il?

   a.   Des nouvelles diffusées à la radio.

   b.   D'un jeu radiophonique.

   c.   D'un avis de recherche diffusé à la télévision.

   d.   D'un message téléphonique.

2. De quoi le bandit est-il accusé?

   a.   D'avoir enlevé un enfant.

   b.   D'avoir cambriolé une bijouterie.

   c.   D'avoir tué un homme lors d'un hold-up.

   d.   D'avoir posé une bombe dans un magasin.

3. À quoi le bandit ressemble-t-il?

   a.   À un homme de 30-35 ans, petit et costaud.

   b.   À un homme de 20-25 ans, grand et blond.

   c.   À un homme d'une cinquantaine d'années, chauve et vêtu d'un imperméable.

   d.   À un homme d'une quarantaine d'années, brun avec une grande cicatrice.

#3

1. Qui sont les deux jeunes femmes?

    a. Deux étudiantes qui font connaissance à la faculté.

    b. Deux amies qui suivent les mêmes cours.

    c. Deux anciennes amies qui se retrouvent par hasard dans la rue.

    d. Deux étudiantes qui se téléphonent.

2. Qu'est-ce qui surprend le plus Martine à la fac de médecine?

    a. L'amitié et l'entraide entre les étudiants.

    b. La difficulté des cours.

    c. L'antipathie des professeurs.

    d. La compétition entre les étudiants.

3. Qu'est-ce que Fabienne aimerait faire l'année suivante?

    a. Avoir sa maîtrise d'anglais.

    b. Se marier avec Pierre.

    c. Enseigner l'anglais dans un lycée parisien.

    d. Enseigner le français aux États-Unis.

4. Pour quelle raison les deux jeunes femmes doivent-elles se quitter?

    a. Parce qu'il commence à pleuvoir.

    b. Parce que Martine va avoir un cours.

    c. Parce que Martine doit téléphoner à quelqu'un.

    d. Parce que Fabienne a un rendez-vous important.

#4

1. Pourquoi est-ce que le père ne sera pas là pour dîner?

    a. Il a un dîner d'affaires.

    b. Il est en voyage.

    c. Il est à l'hôpital.

    d. Il est pris dans les embouteillages.

2. Qu'est-ce que le reste de la famille va manger ce soir?

    a. Du saumon fumé préparé par la mère.

    b. Des restes du déjeuner.

    c. De la cuisine chinoise.

    d. De la pizza.

PART A

Directions: For each question in this part of the test, you will hear **four** sentences designated **a, b, c,** and **d.** The sentences will not be printed. You will hear them only once. As you listen to the four sentences, look at the picture and choose the sentence that best describes what you see in the picture. Then circle the corresponding letter: **a, b, c,** or **d.**

#1

a.   b.   c.   d.

#2

a.   b.   c.   d.

#3

a.   b.   c.   d.

#4

a.   b.   c.   d.

#5

a.   b.   c.   d.

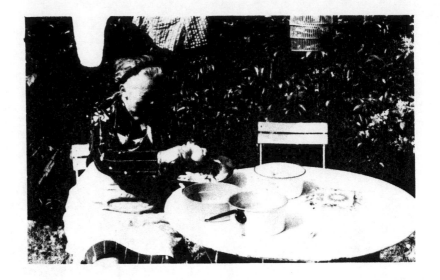

a.   b.   c.   d.

PART B

Directions: In this part of the test you will hear several short selections. They will not be printed but each selection will be repeated. At the end of each selection, you will be asked questions about what was said, each followed by three possible answers: **a, b,** and **c.** Beware: Neither the questions nor the answers are printed and you will hear them only **once.** Select the best answer and circle the corresponding letter: **a, b,** or **c.**

#1

1.   a.

     b.

     c.

#2

1.   a.

     b.

     c.

2.   a.

     b.

     c.

#3

    1.   **a.**

              b.

              c.

#4

    1.   **a.**

              b.

              c.

    2.   **a.**

              b.

              c.

#5

    1.   **a.**

              b.

              c.

    2.   **a.**

              b.

              c.

#6

    1.   **a.**

              b.

              c.

    2.   **a.**

              b.

              c.

PART C

Directions: You will now hear some extended dialogues or monologues. You will hear each only **once**. After each dialogue or monologue, you will be asked several questions about what you have just heard. You will hear these questions only once, but they are printed. Select the best answer and circle the corresponding letter: **a, b, c,** or **d.** Note that these answers are also printed.

#1

1. Entre qui se passe cette scène?

    a.   Entre un père et sa fille.

    b.   Entre deux amis de longue date.

    c.   Entre deux camarades de travail.

    d.   Entre deux personnes qui ne se connaissent pas.

2. Pourquoi est-ce que l'homme s'excuse?

    a.   Parce qu'il a pris la jeune fille pour sa sœur.

    b.   Parce qu'il s'est montré grossier envers la jeune fille.

    c.   Parce qu'il est arrivé en retard au rendez-vous.

    d.   Parce qu'il ne sait pas jouer du piano.

3. Pourquoi est-ce que la jeune fille a l'habitude de ce genre de situations?

    a.   Parce qu'elle et sa sœur se ressemblent énormément.

    b.   Parce qu'elle fait beaucoup de sport.

    c.   Parce que son père lui a montré l'exemple.

    d.   Parce qu'elle est pianiste.

#2

1. Pourquoi est-ce que Pierre n'est pas encore levé?

    a.   Parce que son réveil n'a pas sonné.

    b.   Parce qu'il est malade.

    c.   Parce qu'il a décidé de faire la grasse matinée.

    d.   Parce qu'il ne veut pas aller passer son examen de latin.

2. Qu'est-ce que Pierre a fait hier?

    a.   Il a fait du sport.

    b.   Il a acheté une veste.

    c.   Il a perdu sa veste.

    d.   Il a passé un examen de latin.

3. Pourquoi est-ce que Pierre est ennuyé?

    a.   Il a peur des médecins.

    b.   Il ne veut pas aller à l'école.

    c.   Il est puni par sa mère.

    d.   Il ne va pas pouvoir passer son examen.

#3

1. Qui sont ces deux personnes?

    a.   Deux Parisiens qui décident de visiter la Tour Eiffel.

    b.   Deux collègues de travail qui sont à Paris pour leurs affaires.

    c.   Un couple de touristes qui visite la capitale.

    d.   Un agent de voyage et une touriste.

2. Qu'est-ce que la femme propose de faire?

    a.   De manger dans un café.

    b.   De faire un tour de Paris en bateau-mouche.

    c.   De monter voir le panorama.

    d.   De regarder des statues.

3. Pourquoi l'homme ne veut-il pas suivre la femme?

    a.   Parce qu'il n'aime pas être en hauteur.

    b.   Parce qu'il a faim.

    c.   Parce qu'il est fatigué.

    d.   Parce qu'il doit aller à la poste.

4. Que va faire l'homme en attendant la femme?

    a.   Il va retourner à l'hôtel.

    b.   Il va faire des achats.

    c.   Il va téléphoner à un ami.

    d.   Il va lire.

PART A

Directions: For each question in this part of the test, you will hear **four** sentences designated **a, b, c,** and **d.** The sentences will not be printed. You will hear them only once. As you listen to the four sentences, look at the picture and choose the sentence that best describes what you see in the picture. Then circle the corresponding letter: **a, b, c,** or **d.**

#1

a.   b.   c.   d.

#2

a. b. c. d.

#3

a. b. c. d.

#4

a.   b.   c.   d.

#5

a.   b.   c.   d.

#6

a.   b.   c.   d.

PART B

Directions: In this part of the test, you will hear several short selections. They will not be printed, but each selection will be repeated. At the end of each selection, you will be asked questions about what was said, each followed by three possible answers: **a, b,** and **c.** Beware: Neither the questions nor the answers are printed and you will hear them only **once.** Select the best answer and circle the corresponding letter: **a, b,** or **c.**

#1

  1.   **a.**

          b.

          c.

  2.   **a.**

          b.

          c.

#2

  1.   **a.**

          b.

          c.

#3

    1.   a.

            b.

            c.

#4

    1.   a.

            b.

            c.

    2.   a.

            b.

            c.

#5

    1.   a.

            b.

            c.

    2.   a.

            b.

            c.

#6

    1.   a.

            b.

            c.

    2.   a.

            b.

            c.

PART C

Directions: You will now hear some extended dialogues or monologues. You will hear each only **once**. After each dialogue or monologue, you will be asked several questions about what you have just heard. You will hear these questions only once, but they are printed. Select the best answer and circle the corresponding letter **a, b, c,** or **d**. Note that these answers are also printed.

#1

1. Où se passe cette scène?

   a. Dans le jardin de la maison des interlocutrices.

   b. Dans un bar.

   c. Dans un magasin de papiers peints.

   d. À la terrasse d'une pâtisserie.

2. Pourquoi est-ce que les jeunes femmes veulent fermer les fenêtres?

   a. Pour qu'il fasse plus noir à l'intérieur.

   b. Pour que les moustiques n'entrent pas.

   c. Pour que la pluie et la foudre n'entrent pas.

   d. Pour qu'il fasse moins lourd dans les chambres.

#2

1. Pourquoi est-ce que le petit garçon pleure?

   a. Les autres l'ont fait tomber.

   b. Les autres enfants ne veulent pas jouer avec lui.

   c. Il s'est fait mal au genou.

   d. Il a perdu son chemin.

2. Comment est-ce que la grand-mère le console?

   a. Elle va l'emmener acheter un jouet.

   b. Elle va obliger les autres enfants à jouer avec lui.

   c. Ils vont chanter en préparant le dîner.

   d. Ils vont acheter des glaces.

#3

1. De quoi ces personnes sont-elles en train de discuter?

   a. Du banquet qu'elles vont organiser.

   b. Du pique-nique qu'elles vont préparer.

   c. De la cérémonie de mariage qu'elles préparent.

   d. De la nourriture qu'elles sont en train d'acheter dans un supermarché.

2. Combien de personnes vont être invitées?

    a.   4

    b.   7

    c.   10

    d.   12

3. S'il pleut, le lendemain, que va-t-il se passer?

    a.   Ils annuleront tout.

    b.   Ils iront à l'intérieur.

    c.   Ils iront au restaurant.

    d.   Ils installeront des tentes.

4. Qu'est-ce que l'homme va acheter?

    a.   De la charcuterie.

    b.   Des fromages.

    c.   Des desserts.

    d.   Des boissons.

5. Où est-ce que les femmes vont faire leurs achats?

    a.   Dans un hypermarché.

    b.   Chez un marchand de quatre saisons.

    c.   Dans une boutique spécialisée.

    d.   Dans une charcuterie.

GLOSSARY

à l'étranger: *abroad*

achat (n.m.): *a purchase*

affaires (n.f.): *business;* un voyage d'affaires=*a business trip*

annuler: *to cancel*

article d'occasion (n.m.): *a second-hand item*

assister à: *to attend, to be present at*

auberge (n.f.): *an inn*

averse (n.f.): *a rain shower*

avoir lieu: *to take place, to happen*

balance (n.f.): *scales*

une belle-mère: *a stepmother, a mother-in-law*

béton (n.m.): *concrete*

billard (n.m.): *[to play] pool*

boîte (n.f.): *a company* (slang); sortir en boîte=*to go out to a disco.*

boulot (n.m.): *a job* (fam.)

bradé: *reduced, on sale*

bruyant: *noisy*

but (n.m.): *an aim, a goal*

cabinet (n.m.): *an office* (for professionals)

cadre (n.m.): *an executive*

caisse (n.f.): *a cash register*

ceinture (n.f.): *a belt;* une ceinture de sécurité=*a safety belt*

champ (n.m.): *a field;* un champ de bataille=*a battlefield*

chemin (n.m.): *a trail, a path*

climatisation (n.f.): *air-conditioning*

commander: *to order*

commerçant (n.m.): *a shopkeeper, a tradesman*

concurrence (n.f.): *competition*

conférence (n.f.): *a lecture*

couche (n.f.): *a layer*

courrier (n.m.): *the mail*

course (n.f.): la course à pied=*track,* faire une course=*to run a race/an errand*

croisière (n.f.): *a cruise*

débarrasser la table: *to clean the table*

débordé: *overwhelmed with work*

déchets (n.m. pl.): *the waste*

décoller: *to take off*

déménager: *to move out* (emménager= *to move in*)

démentir: *to disprove, to refute*

devoir (n.m.): *duty;* les devoirs=*homework;* (as a verb=to owe, to have to)

dissertation (n.f.): *an essay, a paper* (school)

doubler: *to overtake, to cut in front of someone*

droit (n.m.): faire du droit=*to study law,* avoir le droit de=*to have the right to*

durer: *to last*

échouer à un examen: *to fail an exam*

élever des enfants: *to raise children*

emprunter: *to borrow*

endroit (n.m.): *a place*

engagement (n.m.): *a commitment*

entendre parler de: *to hear about*

épargner: *to save money/ to spare*

éplucher les légumes: *to peel vegetables*

équitation (n.f.): *horseback riding*

être au chômage: *to be unemployed*

être en panne: *to be out of order*

être licensié: *to be laid-off*

éviter: *to avoid*

exigeant: *demanding*

exposition (n.f.): *an exhibit*

externe, demi-pensionnaire, pensionnaire: *day-student, half-boarder, boarder*

la faculté (n.f.): *college, university*

faire des maths: *to study math*

faire la grasse matinée: *to sleep in*

faire la queue: *to stand in line*

faire un reportage: *to cover* (journalism)

fait (n.m.): *a fact*

formulaire (n.m.): *a form*

foule (n.f.): *a crowd*

gare (n.f.): *a station*

un gendre (n.m.): *a son-in-law*

les grandes écoles: *prestigious state-run schools of university level*

grandir: *to grow*

gratte-ciel (n.m.): *a skyscraper*

grève (n.f.): *a strike;* faire la grève=*to go on strike*

guichet (n.m.): *a window, a counter, a ticket office*

heure supplémentaire (n.f.): *overtime*

honoraires (n.m. pl.): *fees*

hors de prix: *overpriced*

hurler: *to scream, to shout, to yell*

impasse (n.f.): *a dead end, a cul-de-sac*

imperméable (n.m.): *a raincoat*

incendie (n.m.): *a fire*

infirmier (n.m.): *a male nurse*

informatique (n.f.): *computer science*

instituteur/-trice: *a lower school or elementary school teacher*

jardiner: *to garden*

jour férié: *bank holiday, national holiday*

lavabo (n.m.): *a bathroom sink*

licence (n.f.): *diploma at the end of three years of college*

lieu (n.m.): *a place*

loisirs (n.m.pl.): *leisure*

manifestation (n.f.): *a demonstration*

manque (n.m.): *a lack*

marché aux puces (n.m.): *a flea market*

marre: en avoir marre (slang) =*to be fed up*

métier (n.m.): *a trade, an occupation*

mettre la table: *to set the table*

milieu (n.m.): *the environment*

moyen (n.m.): *a means;* un moyen de transport=*a means of transportation*

nettoyer: *to clean*

nouvelle (n.f.): *a short story/ a piece of news*

orage (n.m.): *a thunderstorm*

ordinateur (n.m.): *a computer*

paisible: *peaceful*

papillon (n.m.): *a butterfly*

partager: *to share*

passer un examen: *to take an exam*

patron (n.m.): *a boss*

pendre la crémaillère: *to have a house-warming party*

petite annonce (n.f.): *an ad*

petits-enfants (n.m. pl.): *the grandchildren*

place (n.f.): *a square, a plaza*

plainte (n.f.): *a complaint*

poids (n.m.): *weight*

pointure (n.f.): *shoe size*

polluants chimiques (n.m. pl.): *polluting chemicals*

poser une candidature: *to apply (for)*

prêter: *to lend*

puissant(e): *powerful*

raccrocher: *to hang up*

randonnée (n.f.): *a walk, a hike*

ranger: *to put away*

rédaction (n.f.): *a composition, an essay*

règle (n.f.): *a rule*

repasser: *to take again* (an exam)/ *to iron/ to drop by again later*

réussir à un examen: *to pass an exam*

revendication (n.f.): *a claim*

roue (n.f.): *a wheel*

rubrique (n.f.): *a column* (in a newspaper)

s'amuser: *to enjoy oneself, to have fun*

s'ennuyer: *to be bored*

s'entendre: (avec quelqu'un) *to get along (with someone)*

salir: *to dirty*

se détendre: *to relax*

se disputer: *to argue, to fight*

se passer de: *to do without*

sécher: *to dry;* sécher un cours=*to cut a class*

sentiment d'appartenance: *a feeling of belonging*

soldes (n.f. pl.): *the sales*

sous-entendu (n.m.): *an innuendo, an insinuation*

sous-sol (n.m.): *a basement*

spectacle (n.m.): *a show*

suivre des cours: *to attend, to take classes*

sujet (n.m.): *a subject, a topic*

surchargé de travail: *overloaded with work*
surmené: *overworked*
syndicat (n.m.): *labor union*
tâche (n.f.): *a task, a chore*
taille (n.f.): *a size*
tiroir (n.m.): *a drawer*
toit (n.m.): *a roof*
usine (n.f.): *a factory, an industrial plant*

vernissage (n.m.): *a preview* (at an art gallery)
veste (n.f.): *a jacket*
veston (n.m.): *a jacket, the top part of a formal suit for men*
vitesse (n.f.): *speed*
vitre (n.f.): *a windowpane*
vol (n.m.): *a flight*